Claudine Furlano - Francesca C-

Emma va cam

Emma goes camping

Zoom éditions

Demain commencent **les grandes vacances !**
Léo est triste.
Il va rester longtemps sans voir Emma.

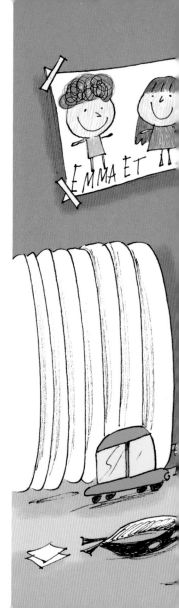

Tomorrow **the summer holidays** begin.
Leo is sad.
He won't see Emma for a long time.

Emma est son amie, **sa meilleure amie.** Il aime ses longs cheveux, son humour et son côté têtu. Il l'aime tout court.

Demain Emma part chez ses grands-parents. Ils ne se verront pas **pendant longtemps,** mais ils ont promis de s'écrire tous les jours.

Emma is his friend, **his best friend**. He likes her long hair, her sense of humour and her stubborn nature. He quite simply likes her.

Tomorrow Emma is going to her grandparents'. They won't see each other **for a long time,** but they promised to write every day.

Et dès le lendemain, **dans le train,** Emma prend déjà son stylo.

And right the very next day Emma already picks up her pen whilst **on the train.**

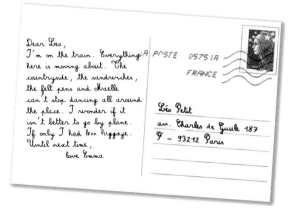

Léo lui, reste à la maison.
Il aimerait bien partir à New-York pour **voir les gratte-ciels** et les limousines,
mais ses frères sont encore trop petits pour **un si long voyage.**
Alors il attend en construisant une cabane dans son jardin.

Leo, he is staying at home.
He would like to go to New York to see **the skyscrapers** and limousines,
but his brothers are still too small for **such a long journey.**
So while he is waiting, he builds a camp in his garden.

Dès qu' Emma arrive chez ses grands-parents, après les bisous, elle enfile son maillot et **plonge dans la piscine.**

- Ah ! ça c'est la belle vie, dit-elle heureuse. Il faut que je le dise à Léo.

Cher Léo,
Je suis bien arrivée à Mons-la-Trivalle. Il fait beau et l'eau est bonne. Bientôt je vais dormir à la belle étoile avec mes cousines. A plus.
Emma

Léo Petit
av. Charles de Gaule 187
F - 93212 Paris

As soon as Emma arrives at her grandparents', after the hugs and kisses, she puts on her swimsuit and **dives into the pool.**

- Ah! This is the life; she says happily, I must tell Leo.

Dear Leo,
I have arrived safely at Mons la Trivalle. The weather is nice and the water is warm. Soon I'm going to sleep out in the open with my cousins.
Until next time,
Emma

Léo Petit
av. Charles de Gaule 187
F - 93212 Paris

Et un matin **très tôt,** le sac à dos rempli de casse-croûtes, Emma se met en route pour la randonnée. **La montagne** n'est pas toujours facile à monter.

Heureusement Tata Émilie fait souvent des pauses pour boire ou pour grignoter un bout.

Emma sets off for a hike **very early** one morning, with a rucksack full of snacks. **The mountain** is not always easy to climb.

Fortunately Auntie Emilie often takes a break to drink or to have a bite to eat.

13

SENTIER ROUGE

Il faut **rester sur les sentiers** pour ne pas se perdre. Mais Maëlle est une petite sœur qui veut toujours prendre des raccourcis.

You have **to keep to the paths** so that you don't get lost. But Maelle is a little sister who always wants to take a shortcut.

Heureusement **le sommet** est atteint sans incident. On installe la tente et on dresse la table.

Fortunately they reach **the summit** without a hitch. They put up the tent and lay the table.

Le sommeil vient vite quand on dort **à la belle étoile.** Mais pas pour Emma, le vent qui souffle dans les sapins fait un bruit bizarre ...
Emma est sure qu'il n'y a pas que **le vent dehors.**
Elle entend comme des soufflements, des respirations régulières ...

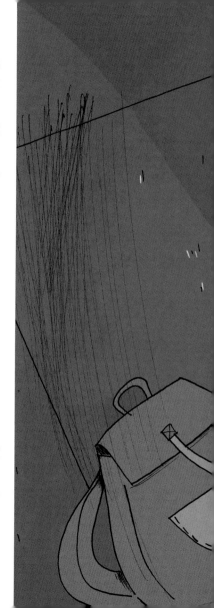

You fall asleep quickly when you sleep out **in the open,** but for Emma the wind blowing through the fir trees makes a strange noise. Emma is sure that it isn't only **the wind outside.**
She hears a blowing noise that sounds like regular breathing.

- Des sangliers ! S'ils s'approchent ils vont arracher la tente !
Emma est prise de panique.
- TATA ! Tata ! **Il y a des sangliers dans la tente ! Tata !!**
Emma crie aussi fort qu'elle peut.

- Wild boars. If they approach they will pull the tent down.
Emma is panic- stricken .
- Auntie, Auntie. **There are wild boars in the tent. Auntie!**
Emma shouts as loudly as she can.

Elle entend la tente voisine qui s'ouvre et bientôt tata Émilie passe la tête par l'ouverture.

- Il n'y a pas de sanglier Emma. Ce que tu entends ce sont **les ronflements de ta cousine Zoé !** Je peux venir dormir ici si tu veux , dit tata Émilie.

- **Oh oui s'il te plaît !** répond Emma rassurée.

She hears the neighbouring tent open and soon Auntie Emilie pokes her head through the opening.

- There aren't any wild boars, Emma. What you can hear is **your cousin Zoé snoring.** I can come and sleep here if you want, says Auntie Emilie.

- **Oh yes please,** replies Emma reassured.

Tata Émilie semble **soulagée** de pouvoir dormir loin des ronflements de Zoé.

Auntie Emilie seems **relieved** to be able to sleep away from Zoé's snoring.

Cher Léo,

Cette nuit j'ai cru que Zoé était un sanglier. Mais j'ai finalement bien dormi. Je te raconterai. J'attends de tes nouvelles.

A bientôt quand même.

Emma

Léo Petit
av. Charles de Gaule 187
F – 932-12 Paris

Dear Leo,
last night I thought that
Zoé was a wild boar? But
in the end I slept well. I
will tell you all about it.
I'm waiting to hear your
news.
Anyway see you soon

Emma

LA POSTE 007519
FRANCE

Léo Petit
av. Charles de Gaule 187
F - 93212 Paris

Les vacances sont si vite passées, entre baignades, grillades, et randonnées. Il faut déjà rentrer.
Pendant l'interminable voyage du retour Emma est **fâchée.**

Léo,

Je rentre mais je suis triste parce que les grillades de papy et les glaces de mamie c'est fini. Et en plus je n'ai pas eu de nouvelles de toi. Tu es un menteur. A plus tard

Emma

Léo Petit
au Charles de Gaule 187
F – 93212 Paris

Leo, I'm coming home, but I'm sad. Sad because Grandad's barbecues and Granny's ice-creams are all over and what's more I've had no news from you. You are a liar. See you later, Emma

Léo Petit
au Charles de Gaule 187
F – 93212 Paris

The holidays went by so quickly; what with swimming, barbecues and hiking. It's already time to go back home.
During the never ending journey Emma is **angry.**

BOITE À LETTRE

A la maison, Emma se précipite sur la boîte aux lettres. **Rien !**

At home she rushes to the letter box- **nothing!**

Et puis **on sonne à la porte.**

C'est Léo.

Emma ouvre et comprend pourquoi elle n'avait pas de courrier.

Léo a le bras gauche dans le plâtre et **il est gaucher.**

Then **the door bell rings.**

It's Leo.

Emma opens the door and understands why she didn't get any letters.

Leo has his left arm in plaster and **he is left-handed.**

- Qu'est-ce que tu t'es fait au bras ?
- J'ai construit une cabane dans l'arbre et **je suis tombé.**
- **Ah, ça me rassure !** dit Emma les feutres à la main.

- What did you do to your arm?
- I built a camp in a tree and **I fell.**
- **Ah, that's reassuring,** says Emma, with her felt pens in her hand.

Où préfères-tu passer tes vacances ?
Where do you prefer to spend your holidays?

à la mer
at the seaside

à la montagne
in the mountains

à la campagne
in the countryside

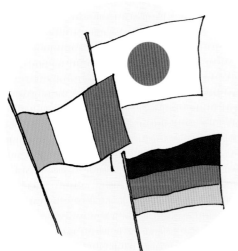

dans un autre pays
in another country

Tu dors où ?
Where do you sleep?

dans la tente
in a tent

dans la caravane
in a caravan

dans un chalet
in a chalet

à la ferme
on the farm

à l'hôtel
in a hotel

39

Pour camper, prépare bien ton sac à dos :
For camping prepare your rucksack well:

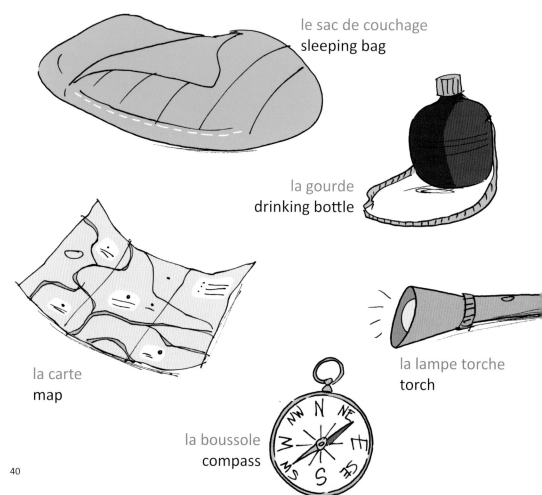

le sac de couchage
sleeping bag

la gourde
drinking bottle

la carte
map

la lampe torche
torch

la boussole
compass

la polaire
fleece

la trousse de secours
first aid kit

le sandwich
sandwiches

les biscuits
biscuits

un sac poubelle
small rubbish bag

Quelques règles du bon campeur
Rules for good campers

 Respecte la faune et la flore.
Respect the flora and fauna.

 N'allume pas de feu dans la nature.
Don't light fires in the countryside.

 Ne fais pas de bruit inutile.
Don't make unnecessary noise.

Laisse l'endroit tel que tu l'as trouvé.
Leave a place just as you find it.

Sil n'y a pas de poubelle emporte tous tes déchets.
If there are no bins, take your litter home.

Suis les sentiers balisés.
Follow the designated paths.

Porte assistance aux personnes en difficulté.
Help anyone in difficulty.

Vocabulaire : **Vocabulary :**

C

la cabane	camp

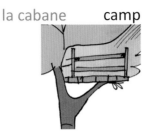

le casse-croûte	snack
crier	to shout
demain	tomorrow
dormir	to sleep
écrire	to write
l'étoile	star
le gratte-ciel	skyscraper

D

E

G

grignoter	to nibble
l'humour	humour
un incident	hitch

H
i

Vocabulaire :	**Vocabulary :**
le lendemain	the next day
longtemps	a long time
la montagne	mountain

la pause	break
la panique	panic
se perdre	to get lost
la piscine	(swimming) pool

le raccourci	shortcut
la randonnée	hiking
le ronflement	snoring
le sac à dos	rucksack

Vocabulaire :   **Vocabulary :**

S

le sanglier   wild boar

T

le sentier   path
le sommet   summit
la tante   aunt
la tente   tent

tomber   to fall
triste   sad

V

les vacances   holidays
le vent   wind

Fin
The End